Commandant DUBAIL

...SATION MILITAIRE

TRAITÉ MÉTHODIQUE

5ᵉ ÉDITION

(Honneur, devoir, patrie.)

PARIS

Henri CHARLES-LAVAUZELLE

Éditeur militaire

10, Rue Danton, Boulevard Saint-Germain, 118

(MÊME MAISON A LIMOGES)

1906

ÉDUCATION MILITAIRE

Commandant DUBAIL

ÉDUCATION MILITAIRE

TRAITÉ MÉTHODIQUE

5ᵉ ÉDITION

(Honneur, devoir, patrie.)

PARIS

HENRI CHARLES-LAVAUZELLE

Éditeur militaire

10, Rue Danton, Boulevard Saint-Germain, 118

(MÊME MAISON A LIMOGES)

1906

TABLE DES MATIÈRES

CHAPITRE Ier

LES GRANDES IDÉES

Numéros.		Pages.
1.	La Patrie	9
8.	L'armée	10
13.	Rôle moral de l'armée	11
18.	Nécessité d'une armée permanente	12
28.	Le service militaire obligatoire	15
35.	Grandeur du devoir militaire	16
42.	Le drapeau	19

CHAPITRE II

LES VERTUS MILITAIRES

60.	L'honneur	23
71.	La discipline	25
84.	Le respect	28
91.	Le courage	30
104.	Le dévouement. — L'abnégation	33

CHAPITRE III

MOYENS MATÉRIELS DE DISCIPLINE

112.	L'uniforme	36
123.	Les moyens de répression	39

CHAPITRE IV

DEVOIRS IMMÉDIATS DU SOLDAT

Numéros.   Pages

135. Devoirs du soldat vis-à-vis des recrues
      et de ses camarades............................ 42
146. Devoirs du soldat en garnison......... 44
162. Fautes graves entraînant des punitions
      de prison ou de cellule................. 47
164. Conséquences des punitions de prison. 48
167. Devoirs du soldat en campagne....... 49
179. Devoirs du soldat sur le champ de ba-
      taille... 51

CHAPITRE V

DE LA GUERRE

197. L'esprit guerrier...................... 56
205. L'esprit militaire..................... 58
213. La guerre.............................. 60
219. Les chances de la guerre.............. 62
224. Devoirs du vainqueur.................. 64
227. Devoirs du vaincu..................... 65
233. L'espionnage.......................... 66

AVERTISSEMENT

L'emploi de *deux grosseurs* de caractères, dans ce traité méthodique, permet de distinguer les formules précises, les **définitions** qui doivent rester gravées presque littéralement dans la mémoire (1), des explications données comme **développements** de l'idée concise de la définition, dont les hommes doivent seulement se pénétrer et qui, peuvent servir de thèmes aux commentaires de l'officier ou du gradé chargé de la théorie.

---

(1) Il serait à désirer que les parties imprimées en gros caractères fussent mises dans le livret individuel du soldat, au même titre que les rigueurs du Code militaire.

Il est au moins aussi utile, en effet, de s'adresser aux bons sentiments de l'homme, de chercher à élever son moral, que d'éveiller en lui la crainte des châtiments.

Toutes les parties du texte sont complétées par un *questionnaire* ; mais, à la plupart des soldats, on se contentera de poser les questions correspondant aux réponses données en gros caractères.

ÉDUCATION MILITAIRE

CHAPITRE Ier

LES GRANDES IDÉES

La Patrie.

1. — La **France** est notre *patrie*.

2. — Le *patriotisme* est l'amour de la patrie.

3. — Tout bon citoyen doit être prêt à **combattre** pour sa défense et à **mourir** pour elle.

4. — Dans cette grande idée de la Patrie, il faut comprendre non seulement le *sol* qui nous a vus naître et qui a porté nos aïeux, mais encore l'ensemble de nos *compatriotes* auxquels nous unissent la même langue, les souvenirs de l'histoire, enfin le même gouvernement.

---

1. Quelle est notre patrie ?
2. Qu'est-ce que le patriotisme ?
3. Jusqu'où doit aller le dévouement d'un bon citoyen pour sa patrie ?
4. Doit-on limiter cette grande idée de la patrie au sol qui nous a vus naître ?

5. — Le patriotisme est un sentiment élevé, naturel à l'homme *civilisé* et qui lui fait toujours **subordonner** son intérêt *particulier* à l'intérêt général. Le patriote doit **repousser** tout avantage personnel qui serait *préjudiciable* au bien de la Patrie.

6. — Aimons la France comme notre mère, aimons-la plus que nous-mêmes et soyons fermement décidés à verser notre sang pour sa défense. Notre vie à tous est bien peu de chose quand il s'agit du salut de la Patrie. Et la mort **n'a rien qui doive effrayer** un cœur *bien trempé;* quelques années de plus ou de moins sur la terre sont bien peu de chose quand il s'agit de la liberté et de l'indépendance de son pays et de la République.

7. — « Mourir pour la Patrie est le sort le plus beau, le plus digne d'envie » ; il donne l'auréole du *martyre* et la *gloire*.

L'Armée.

8. — *L'armée* est la **sauvegarde** et le cœur de la Patrie.

9. — A l'extérieur, elle *garantit* sa sécurité et son indépendance.

---

5. Doit-on subordonner l'intérêt général à son propre intérêt ?

6. La mort doit-elle effrayer un cœur bien trempé ?

7. Quel est le sort le plus beau pour un soldat ?

8. Qu'est-ce que l'armée par rapport à la patrie ?

9. Quel est son rôle à l'extérieur ?

10. — A l'intérieur, elle *assure* l'exécution des **lois** et le maintien de l'ordre public.

11. — Aujourd'hui, plus que jamais, l'existence de la France est intimement *liée* à celle de son armée qui lui donne, en temps de paix, *l'autorité* nécessaire pour soutenir ses droits et sauvegarder ses intérêts ; elle lui permet de considérer *sans crainte* la fièvre des armements qui agite les grandes puissances de l'Europe.

12. — Certaine du dévouement de son armée, confiante dans sa force et dans sa valeur, elle peut **envisager sans inquiétude** l'éventualité d'une guerre, ce qui ne veut pas dire qu'elle songe à la provoquer.

Rôle moral de l'armée.

13. — L'armée est la fidèle image de la nation *sous les armes.*

14. — Aujourd'hui, tout le monde est soldat et l'armée est la grande école de *patriotisme,* de *discipline,* d'*honneur* et de *concorde.*

---

10. Quel est le rôle de l'armée à l'intérieur ?
13. Qu'est-ce que l'armée par rapport à la nation ?
14. Quel est aujourd'hui le rôle moral de l'armée ?

15. — Une *réunion* plus ou moins considérable d'hommes armés *ne constitue pas* une armée ; cette multitude n'a de valeur que si elle est *organisée, disciplinée* et *instruite.*

16. — L'armée ne peut donc **exister** que par la *discipline,* l'*ordre* et le *respect* des règlements. Elle est dépositaire des traditions d'ordre et de soumission qu'elle *transmet* successivement à tous les Français, en les habituant à se plier de bonne heure à tout ce qui représente la *loi* et l'*autorité* légitime.

17. — En s'ouvrant à toute la jeunesse valide, l'armée est, en outre, le *trait d'union* entre les différentes classes de la société dont elle entretient la *concorde.*

Nécessité d'une armée permanente.

18. — L'*appel en masse* de la nation, au moment du danger, ne donnerait à la France qu'une foule **sans cohésion,** incapable de résister à des troupes *organisées.*

---

15. Que faut-il pour qu'une réunion d'hommes constitue une armée ?

16. De quoi l'armée est-elle dépositaire et dans quel but ?

17. Comment l'armée entretient-elle la concorde dans la société ?

18. Que donnerait, sans armée permanente, l'appel en masse de la nation en cas de danger ?

19. Expliquez l'utilité et la nécessité d'une armée permanente.

19. — En temps de paix, l'armée permanente est chargée de *faire l'instruction* militaire de tous les citoyens ; — en temps de guerre, elle *ouvre* ses rangs et *fournit* des *cadres* à toute la partie valide de la nation, lui donnant ainsi l'*organisation* et la *discipline* **indispensables** pour vaincre.

20. — Avoir une bonne et puissante armée n'implique pas l'idée d'*aimer* et de *vouloir* la guerre. C'est même le *meilleur* moyen de l'éviter, car plus on est fort, plus on est respecté.

21. — La guerre a existé de tout temps, et il est à présumer qu'elle existera tant que, dans la brutalité des faits, la force *primera* le droit, c'est-à-dire toujours : il faut donc *être prêt* à la faire si l'indépendance et l'intégrité du territoire de la République sont menacées.

22. — Autrefois, les armées n'avaient pas, comme aujourd'hui, à leur disposition les *télégraphes* et les *chemins de fer* qui permettent de mouvoir avec **rapidité** des masses énormes de troupes ; elles n'avaient pas les armes *perfectionnées* et *meurtrières* de l'époque moderne qui exigent une instruction plus *minutieuse* et une tactique plus *approfondie*.

---

20. Le fait d'avoir une armée nombreuse implique-t-elle l'idée d'aimer la guerre ?

21. Pourquoi faut-il être prêt à faire la guerre ?

22. Qu'est-ce qui facilite aujourd'hui les mouvements des armées ?

23. — L'effectif des troupes était forcément *réduit* et leur opérations *lentes*. Une faible armée permanente *suffisait*, car on avait le temps de *réunir* des troupes nouvelles, de les *organiser* et de les *instruire*, au moins sommairement, avant l'arrivée de l'ennemi.

24. — C'est ainsi que les volontaires de 1792 ont pu *sauver* la France, grâce à leur **patriotisme** et à leur **valeur** individuelle. Nous pouvons être fiers des étonnants succès de ces troupes qui surent, « sans être *payées*, sans *magasins*, sans *vêtements*, ne pas se débander, conserver leur discipline et **vaincre** ».

25. — Mais il ne faut pas l'oublier : ces troupes improvisées éprouvèrent d'abord des *échecs*, dont l'ennemi *ne sut pas* profiter. Les *hésitations* des vainqueurs d'un moment permirent aux généraux républicains, improvisés eux-mêmes, de réorganiser leurs troupes et de les *aguerrir*. C'est ainsi que les volontaires de 1792 **apprirent** à vaincre avant de devenir des *héros*.

26. — Ce ne serait plus *possible* aujourd'hui : les millions de soldats de l'ennemi fondraient sur nous comme la foudre et nous *écraseraient* en peu de temps, si nous n'avions, comme lui, les moyens de mettre presque **instantanément** sur pied la masse de l'armée nationale, après

---

23. Expliquez comment autrefois on pouvait, à la rigueur, organiser et instruire des troupes avant l'arrivée de l'ennemi.

24, 25. Parlez des volontaires de 1792 : comment sont-ils arrivés à vaincre ?

26. Ces étonnants succès seraient-ils possibles aujourd'hui dans les mêmes conditions ?

avoir assuré son instruction dès le temps de paix.

27. — Depuis plus de vingt ans déjà, la République *s'impose* d'énormes sacrifices pour *l'entretien* d'une armée permanente, sachant qu'il vaut mieux dépenser ainsi des sommes considérables que de s'exposer à les payer, un jour, en **contribution** de guerre et à être **rayé** de la carte de l'Europe.

Le service militaire obligatoire.

28. — Le *service militaire* exigé de *tous* les citoyens a pour but de les préparer à leur mission de **défenseurs** de la Patrie.

29. — En rendant ce service *obligatoire*, la loi a fait un **devoir** de ce qui n'était autrefois qu'une *profession*.

30. — Au moment de la guerre de 1870-71, l'armée française renfermait, par organisation, un germe essentiel de faiblesse et de **démoralisation.** Les classes qui possédaient pouvaient, moyennant finance, se faire *remplacer* ou *exonérer*. Un léger sacrifice *libérait* les heureux du siècle du devoir et des risques du ser-

---

27. Vaut-il mieux ne pas avoir d'armée permanente et s'exposer à être écrasé ?

28. Quel est le but du service obligatoire ?

29. Quel caractère la loi a-t-elle donné au service en le rendant obligatoire ?

30, 31. Quel était, avant 1870, le germe de faiblesse et de démoralisation de l'armée ?

vice militaire ; mais l'extension exagérée du système de l'exonération, en augmentant le nombre des **remplaçants** dans l'armée, était de nature à *porter un coup fatal* à la *grandeur* du service militaire ainsi qu'au *bon recrutement* des cadres inférieurs.

31. — Mais, depuis la terrible leçon de 1870, la *moralité* a repris ses droits : le service militaire est devenu *obligatoire* et *personnel* et, le port de l'uniforme militaire est considéré comme un **honneur.**

32. — La France a besoin de *tous* ses enfants pour tenir ses forces militaires à la hauteur de celles de ses voisins ; il faut donc donner à *tous* indistictement *l'instruction* militaire indispensable.

33. — En *passant* sous les drapeaux, le citoyen prend le sentiment de la *discipline* qui fait la valeur des armées ; son âme acquiert la *virilité* qui le rendra fort pour les travaux, les épreuves et les sacrifices de la vie.

34. — Plus tard, si la République l'appelle pour sa défense, il redeviendra, en un instant. le soldat d'autrefois, *fier* de son rôle et *fort* de son instruction.

Grandeur du devoir militaire.

35. — Le *devoir militaire* est la pre-

---

33. Comment le citoyen élève-t-il son cœur et fortifie-t-il son âme au service ?

35. Quelle est la première des obligations du citoyen envers la patrie ?

mière des *obligations* du citoyen envers la Patrie.

36. — La *grandeur* de ce devoir tient à l'**abnégation complète** avec laquelle le soldat *sacrifie* sa personne tout entière et, au besoin, sa *vie* pour le bien remplir.

37. — C'est au nom de l'*amour* de la Patrie que la loi exige ce sacrifice.

38. — La première récompense du bon soldat est le *sentiment* du devoir accompli. Il en trouve une autre dans l'*estime* de ses chefs et de ses camarades. Enfin, les *récompenses militaires* ont été instituées pour **signaler**, à l'attention de tous, ceux qui se sont *distingués* dans l'accomplissement de leur devoir.

39. — La loi **exempte** du service militaire les jeunes gens que leurs *infirmités* privent de l'honneur de servir; mais elle en **exclut** ceux qui se sont rendus, par leurs crimes ou leurs délits, *indignes* de servir, parce que l'honorabilité du soldat doit être sans tache.

---

36. Qu'est-ce qui fait la grandeur de ce devoir ?

37. A quel titre la loi exige-t-elle ce sacrifice ?

38. Comment le bon soldat est-il récompensé?

39. Quels sont les individu qui o sont pas admis dans l'armée ?

Éduc. milit.

40. — Le devoir militaire est non seulement la *première* des dettes que le citoyen *contracte* en naissant envers la Patrie, mais encore la première obligation qu'il *remplit*, quand il devient un homme. Il ne peut exercer ses droits politiques *qu'après* s'être acquitté de cette dette sacrée, et c'est pour lui une salutaire *préparation* que ce passage à l'école de l'armée, où il apprend à reconnaître la nécessité de la *discipline*, de l'ordre, du *respect* aux lois et à l'autorité légitime.

41. — Les infirmes sont *exemptés* du service, parce qu'ils seraient de non-valeur ; mais les scélérats en sont *exclus*, parce qu'il faut préserver de toute *souillure* l'honneur et la grandeur du devoir militaire, parce qu'il faut enfin préserver le soldat d'une *promiscuité* dangereuse. Il y a, d'ailleurs, une nuance très marquée entre les deux expressions *exempter* et *exclure*. La première ménage l'amour-propre des *déshérités* de la nature; la seconde porte en elle-même une nuance de mépris, en même temps qu'elle implique l'idée de *punition*.

---

40. Quand le citoyen est-il appelé à remplir ses devoirs militaires et quelle influence cela a-t-il sur l'exercice de ses droits politiques ?

41. Quelle est la différence entre les expressions « être exempté du service militaire » et « être exclu de l'armée » ?

Le drapeau.

42. — Le *drapeau* est le **symbole** de la patrie et l'emblème de l'honneur.

43. — C'est un signe de *ralliement* dans les combats.

44. — Il rappelle les batailles où le régiment s'est illustré.

45. — La *fidélité* au drapeau est le **premier devoir** du soldat. Abandonner son drapeau, c'est *trahir* sa patrie. *Honte* à celui qui l'abandonne, *infamie* pour celui qui le **livre !**

46. — La *vue* du drapeau national évoque le souvenir des *luttes* du passé, avec ses *gloires* et ses *douleurs ;* elle réveille dans le cœur les nobles élans de dévouement et de courage, qui *préparent* aux luttes de l'avenir pour la défense de la patrie. C'est le trait d'*union* entre le passé et l'avenir.

47. — Dans chaque régiment, le drapeau rap-

42, 43. Qu'est-ce que le drapeau ?
44. Que vous rappelle le drapeau ?
45. Quel est le premier devoir du soldat ? Quelle opinion auriez-vous du soldat qui abandonnerait ou livrerait son drapeau ?
46. Quels souvenirs et quels sentiments évoque la vue du drapeau ?
47. Quelles sont les inscriptions portées sur le drapeau ?

pelle les hauts *faits d'armes* de son histoire : les noms des batailles célèbres, auxquelles le corps a pris part, y sont inscrits en lettres d'or, à côté de la grande devise : *honneur* et *patrie*. Il *perpétue* les traditions de dévouement et de discipline et confie à la *garde* des jeunes soldats l'héritage de vertus et de patriotisme légué par les anciens.

48. — Les Egyptiens furent les premiers à faire usage d'*enseignes* comme signe de *ralliement* pour leurs troupes. Chaque tribu d'Israël avait son étendard particulier avec une *inscription* biblique. Les Perses avaient une longue haste surmontée d'une *aigle* déployée. Les Grecs portaient sur leurs drapeaux divers *animaux* ou certaines lettres de l'alphabet.

49. — Après avoir eu successivement comme enseigne une simple botte de foin, puis la louve, le cheval, le sanglier, les Romains choisirent l'*aigle* et poussèrent au plus haut degré la *vénération* de cet emblème. Ils juraient par leurs enseignes, leur prêtaient *serment* et punissaient de *mort* les soldats qui les *perdaient* au combat.

50. — L'emblème national des Gaulois était le sanglier ; mais ils avaient pour étendards des pièces d'étoffe sur lesquelles étaient des figures d'animaux emblématiques.

51. — Pendant le moyen âge, le roi, les chevaliers, les villes, les paroisses et même les monastères eurent leur drapeau ou leur bannière, et

---

48, 49 et 50. A quelle époque remonte l'usage des enseignes et drapeaux ? Dites ce que vous en savez.

la *multiplicité* de ces emblèmes en *diminua* le caractère ; elle correspond d'ailleurs à une époque d'obscurité, de décadence et de retour à la barbarie ; cependant, l'*oriflamme* ou bannière de Saint-Denis (créée en 630 sous Dagobert Ier) jouissait d'une telle réputation qu'on la portait à la guerre à côté de la bannière royale.

52. — Louis XII adopta le *drapeau blanc*, qui fut conservé en France jusqu'à la Révolution.

53. — C'est, en effet, de 1789 que date le drapeau **tricolore**, formé des deux vieilles couleurs de la ville de Paris, le bleu et le rouge, séparées par le blanc, en souvenir des victoires de la royauté.

54. — Le drapeau blanc *reparut* avec la royauté en 1814 et 1815, pour disparaître en 1830.

55. — Depuis cette époque, le drapeau tricolore a fait le *tour du monde* en conduisant à la victoire nos soldats en *Afrique*, en *Asie*, en *Crimée*, en *Italie*, au *Mexique*, jusqu'au jour où la France, **trop** *guerrière* et **pas assez** *militaire* (1), se trouva trop faible pour supporter l'aggression de l'Allemagne.

(1) Nous verrons plus loin (page 56 et 58) la différence essentielle entre ces deux qualificatifs.

---

52. Parlez des bannières au moyen-âge.

52, 54. De quand date le drapeau blanc comme drapeau national ?

53, 54. De quelle époque date le drapeau tricolore ?

55. Dans quels pays a-t-on vu flotter le drapeau tricolore depuis 1830 ?

56. —. Un grand nombre de drapeaux étaient tombés au *pouvoir* de l'ennemi ; aussi, pendant dix ans, les régiments n'eurent-ils que de simples fanions. Puis vint un jour où la France, régénérée par le *recueillement*, l'*étude* et le *travail*, put reprendre confiance et lever fièrement la tête en Europe. Ce jour-là, elle **rendit** solennellement à l'armée ses drapeaux (14 juillet 1880), comme pour lui dire qu'une *ère nouvelle* commençait.

57. — Nous terminerons cet exposé historique par l'anecdote suivante qui montre le culte dont on entoure le drapeau à l'armée.

58. — C'était après la bataille d'Austerlitz (1805). L'Empereur, passant en revue son armée, trouva, sans drapeau, le 4ᵉ régiment de ligne : « Soldats du 4ᵉ, s'écria-t-il, qu'avez-vous fait de l'aigle que je vous avais confiée? » Et comme le colonel, sans mot dire, lui présentait six drapeaux enlevés à l'ennemi : « Cela prouve que vous n'êtes pas des lâches, dit-il, mais ces six drapeaux ne me rendront pas mon aigle. »

59. — A la première bataille, le régiment fit des prodiges de valeur et laissa les trois quarts de son effectif sur le terrain pour obtenir un nouveau drapeau.

---

56. Parlez du sort d'un grand nombre de drapeaux en 1870-71. A quelle époque a-t-on rendu solennellement à l'armée ses drapeaux?

58, 59. Racontez l'anecdote du 4ᵉ de ligne et de son drapeau en 1805.

CHAPITRE II

LES VERTUS MILITAIRES

L'honneur.

60. — L'*honneur* est un sentiment délicat, intime, qui nous inspire l'*amour* du devoir et l'*horreur* du **mal**, et nous fait *rechercher* l'estime et la **considération** de nos concitoyens.

61. — L'honneur militaire peut se *résumer* en ces mots : **vaincre** ou **mourir**.

62. — Le citoyen, qui a *souci* de son honneur, évite avec soin, pour *mériter* l'estime et le respect publics, toute action dont il aurait à *rougir*.

63. — Le sentiment élevé de l'honneur le poussé à *faire son devoir* en toutes circonstau-

---

60. Donnez la définition de l'honneur.

61. On peut résumer le sentiment de l'honneur en deux mots. Dites-nous-les.

62. Que fait le citoyen soucieux de son honneur ?

63. Faites ressortir l'influence du sentiment de l'honneur sur la conduite de ceux qui en sont pénétrés.

ces, quand même sa conduite devrait être **igno-
rée** de tous, parce que l'homme d'honneur relève
avant tout de sa *conscience*. C'est un levier plus
puissant et plus sûr que la *crainte* des châtiments, dont l'effet disparaît si le malfaiteur se
croit sûr de n'être pas découvert, plus puissant
et plus sûr que l'*amour-propre* qui porte l'homme à faire surtout valoir ses qualités réelles ou
supposées et qui *engendre* trop souvent la *vanité*
et l'*orgueil*.

64. — Le sentiment de l'honneur existe au
fond du cœur de tout Français ; c'est à l'*éducation* de le développer pour lui donner la force
d'une *passion*. Cette passion du devoir fait remplir au citoyen toutes ses obligations envers
l'Etat et lui inspire l'idée de *sacrifice* et de
dévouement.

65. — L'idée de l'honneur et du devoir, seule,
soutient le soldat au combat, où les moyens de
répression ordinaires seraient *impuissants* à le
retenir, et ce sentiment est assez impérieux pour
lui faire **préférer la mort,** quand l'hésitation
n'est plus *permise* entre le *déshonneur* et la
mort.

66. — C'est dans ce sentiment sublime de
l'honneur et du devoir que les héros de tous les
temps ont puisé l'*exaltation* nécessaire pour
accomplir les actes qui les ont immortalisés.

---

64. Comment peut-on développer le sentiment
de l'honneur ?

65, 66. Comment le sentiment de l'honneur
soutient-il le courage du soldat au combat ?

67. — Citons, à ce sujet, le bel exemple du général Robert.

Le 1ᵉʳ février 1871, se livrait la bataille de la Cluse sur la frontière suisse. Vers 3 heures, le feu s'étant ralenti, un officier supérieur allemand se porta au galop vers les Français et s'adressant au général Robert : « Général, lui dit-il, vous êtes cernés ; il ne vous reste plus qu'à vous rendre. »

68. — « Pardon, Monsieur, répondit fièrement le général, il nous reste encore à mourir bravement. »

69. — Quelques instants après, le général Robert tombait mortellement frappé.

70. — Pensons tous ainsi, soyons prêts à agir de même et la France sera *invincible*.

La discipline.

71. — La *discipline* est l'*observation* de la *règle*; elle comprend la soumission aux règlements militaires et l'obéissance aux supérieurs.

72. — C'est la *force principale* des armées. Les armées disciplinées sont toujours *victorieuses*.

---

67 à 70. Donnez la belle réponse du général Robert, en 1871, avant de se faire tuer.

71. Qu'entendez-vous par la discipline ?

72. La discipline est-elle une force ?

73. — L'obéissance à un ordre donné n'est *jamais* un acte **servile.**

74. — Cette obéissance doit être *immédiate et entière.*

75. — Le chef qui donne un ordre en est *responsable* et ne le fait que dans l'intérêt du *service.*

76. — Le soldat doit user de sa faculté de *penser* pour **trouver** les *meilleurs* moyens d'*exécuter* les ordres qu'il a reçus.

77. — Le citoyen obéit dans la société à des lois qui régissent ses droits et ses devoirs ; le soldat, qui est *dépositaire* d'une certaine partie de la *force* publique pour la défense de la loi ou de la patrie, n'a que des *devoirs* à remplir.

La présence d'hommes *armés* serait, en effet, *dangereuse* pour la société, s'ils n'étaient *soumis* à une discipline *inflexible* et minutieuse réglant tous leurs actes.

78. - En songeant d'ailleurs aux difficultés de conduire les masses énormes d'hommes com-

---

73. Est-il humiliant d'obéir à un ordre donné?
74. Comment doit-on obéir?
75. Le chef qui donne un ordre en est-il responsable ?
76. Comment le soldat qui reçoit un ordre doit-il se servir de son intelligence?
77. Pourquoi le soldat doit-il obéir aveuglément ?
78, 79. Faites ressortir la nécessité d'une obéissance immédiate et absolue.

posant l'armée, ou est *obligé* de reconnaître qu'un tel commandement serait impossible, à tous les échelons, sans un *ordre* sévère et des règles *inflexibles* et *connues* de tous.

79. — Il est donc nécessaire que l'armée ait ses lois à part et ses règlements spéciaux. Il est nécessaire à son salut que les règlements soient à l'abri de toute *discussion;* il faut, en un mot, que la soumission à leurs prescriptions soit *absolue,* car une armée indisciplinée est une foule *désordonnée, incapable* de remplir sa haute mission et prête à tous les *excès.* C'est une honte et un fléau.

80. — L'idée de discipline implique celle *d'instruction :* il faut *connaître* les règlements pour les observer. Mais, pour être parfaite, la discipline doit être **volontaire;** elle est alors basée sur la valeur *morale* de la troupe, chez laquelle le sentiment du devoir *l'emporte* sur la crainte de la répression.

La soumission au règlement se complète par l'obéissance au supérieur qui en est le représentant et qui n'ordonne qu'en observant ce même règlement et en demeurant *responsable* de son exécution vis-à-vis de ses chefs.

81. — L'obéissance doit être *entière* et *absolue,* mais elle n'est jamais un acte *servile;* elle exige parfois, au contraire, une grande *force d'âme* pour faire le sacrifice de sa propre *volonté* et même de sa **vie.**

---

80. Sur quoi la discipline est-elle basée ?
81. Montrez que, loin d'avoir un caractère servile, l'obéissance ennoblit le soldat.

82. — Les caractères *violents* et *indisciplinés* n'obéissent que par la **crainte** des punitions; ils sont *incapables* de dévouement et constituent un germe de *démoralisation*.

83. — Le bon soldat est *fier d'obéir* à ses supérieurs, parce qu'il le fait pour le bien de la Patrie. On le trouve toujours *soumis* et prêt au dévouement, *sans contrainte* ni *surveillance*. Avec lui, les moyens de répression sont *inutiles :* la crainte des punitions est avantageusement **remplacée** par le sentiment élevé du *devoir*.

Le Respect.

84. — L'une des *bases* les plus **solides** de la discipline est le **respect** de l'inférieur pour le supérieur.

85. — Le respect est dû au supérieur parce qu'il est le **représentant** du *règlement* et qu'il *dispose* d'une part de l'*autorité* légitime.

86. — Le respect s'adresse au *grade*

---

82. Montrez que les caractères indisciplinés peuvent amener la démoralisation.

83. Quel est le mobile qui fait obéir le bon soldat ?

84. Le respect de l'inférieur pour le supérieur est-il nécessaire à la discipline ?

85. Pourquoi le respect est-il dû au supérieur ?

86. A qui s'adresse le respect, est-ce au grade ou à la personne ?

d'abord, puis à la *personne* qui en est re-
vêtue, parce que ce grade a été *mérité*
avant d'être *acquis.*

87. — Le respect ne doit donc pas consister
seulement en *marques extérieures*, telles qu'elles sont édictées par le règlement; le salut et l'attitude de l'inférieur ne sont que des *manifestations* du sentiment réel de respect dont chaque
soldat doit être pénétré vis-à-vis de ses supérieurs.

88. — Le respect de l'inférieur envers le supérieur, les sentiments d'estime réciproque, la
franchise, la loyauté et la confiance qui doivent
régler les rapports entre militaires de tous grades,
excluent de ces rapports les formes *obséquieuses*
et les viles *flatteries.*

89. — En dehors des marques extérieures et
réglementaires de respect, l'inférieur *doit*, par
des *prévenances* et des *égards* particuliers, *ma-
nifester* la déférence qu'il éprouve pour son
supérieur.

90. — Cette déférence, ou manifestation déli-
cate du respect, est *variable* suivant le *degré*
d'éducation de l'inférieur, suivant aussi l'*âge*, le

---

87. Le respect consiste-t-il seulement en marques extérieures ?

88. Pourquoi les formes obséquieuses et les
flatteries ne sont-elles pas admises dans les rapports entre militaires ?

89, 90. En dehors des marques extérieures de
respect, l'inférieur ne peut-il pas témoigner la
déférence qu'il éprouve envers un supérieur ?

grade, les *services* et le *caractère* du supérieur.

Le Courage.

91. — Le *courage* est de la fermeté
d'âme.

92. — Il permet à l'homme de supporter, sans en *paraître* affecté, la *misère,* les
ennuis, les *fatigues* et les *douleurs.*

93. — Il lui donne la force d'*affronter*
sans faiblesse les *dangers* et même la
mort.

94. — « Le vrai courage, dit Vauvenargues,
est une des qualités qui supposent le plus de grandeur d'âme. J'en remarque de beaucoup de sortes :
un courage contre la fortune, qui est *philosophie ;*
un courage contre les misères, qui est *patience ;*
un courage à la guerre, qui est *valeur ;* un courage dans les entreprises, qui est *hardiesse ;* un
courage fier et téméraire, qui est *audace ;*
un courage contre l'injustice, qui est *fermeté ;*
un courage contre le vice, qui est *sévérité ;* un
courage de *réflexion,* de *tempérament,* etc. »

95. — Le courage *ennoblit* le citoyen dans
toutes les conditions ; mais, il lui est surtout

---

91. Qu'est-ce que le courage ?
92, 93, 95. Quelle force le courage donne-t-il
au soldat ?
94. Y a-t-il plusieurs sortes de courage ?

nécessaire dans son rôle de *défenseur* de la Patrie. Le courage militaire doit permettre au soldat de *supporter*, sans se *plaindre* et même *avec* gaieté, les *privations* et les *fatigues* qu'on ne peut lui éviter. Le soldat courageux doit *affronter* le danger **sans hésitation** et regarder la *mort* en face **avec calme et fermeté**.

96. — Le courage au feu ou *bravoure* est un don que chacun a reçu de la nature avec *plus* ou *moins* de libéralité.

97. — Il est peu d'hommes qui ne soient d'abord *décontenancés* par le danger; les tempéraments *nerveux* et *impressionnables* y sont particulièrement sujets; ce n'est pas de la lâcheté, c'est une impression physique *difficile* à maîtriser; mais le sentiment de l'honneur et du devoir fait aussitôt **taire** en eux l'instinct *méprisable* de la conservation, qui s'appellerait la *peur* s'il persistait, et leur donne la force nécessaire pour *braver* le *péril* et même la *mort*. Quand on se trouve en présence de compagnons d'armes, l'*amour-propre*, le désir d'être *remarqué* viennent *aider* aux nobles élans de courage.

98. — Infamie et mort au *lâche* qui abandonne son poste pour échapper au péril. Le

---

96. Tous les hommes sont-ils également courageux?

97 N'est-on pas quelquefois impressionné par la vue du danger et quel est le sentiment qui vous fait chasser la peur?

98. Le soldat qui abandonne son poste bénéficie-t-il toujours de sa lâcheté?

destin aveugle *prévient* souvent la justice des hommes en le **frappant** ignominieusement dans sa *cachette* ou dans sa *fuite*.

99. — La bravoure devient de l'*héroïsme*, quand elle décide un homme à remplir volontairement une mission avec la *perspective* presque **certaine** de la *mort*. Cette haute qualité du cœur *commande* l'admiration et le respect, et de tels actes ne sauraient trop être *récompensés*. Et cependant, combien de héros obscurs ou ignorés tombent victimes de leur courage, sans autre récompense que la *satisfaction* du **devoir** accompli !

100. — On trouva dans la Seine, il y a quelques années, les restes défigurés d'un des héroïques messagers qui, pendant le siège de Paris, tentèrent de faire parvenir au gouverneur les dépêches de la Délégation de Tours.

101. — Le cadavre était encore dans son scaphandre de plongeur, porteur des dépêches contenues dans un étui de fer-blanc : c'était celui du capitaine du génie Legrand. Enfant de Choisy-le-Roi et connaissant parfaitement le cours de la Seine, il avait accepté la dangereuse mission d'entrer dans Paris en suivant le fleuve entre deux eaux. Les trous dont l'appareil était perforé indiquaient qu'il avait dû atterrir trop tôt et qu'il était tombé sous les balles allemandes.

---

99. Quand la bravoure devient-elle de l'héroïsme ?

100, 101. Parlez de la mort héroïque du capitaine Legrand en 1870.

102. — La *bravoure héroïque*, qui aime le danger *pour lui-même* et n'est l'apanage que·de *quelques* privilégiés, a *besoin* de l'image même du danger comme stimulant. Elle ne saurait *suppléer* au courage *froid* et *persévérant*, fortifié par le sentiment du devoir, qui fait *supporter* les épreuves *journalières* du service militaire.

103. — Ce courage-là, tous les citoyens *doivent* l'avoir. C'est une qualité qui *s'acquiert* et se *développe* par l'éducation et par des efforts de volonté soutenus. Il faut que l'homme arrive à dompter les *faiblesses* de la nature, ses *défaillances*, et à faire du *devoir* et de l'*honneur* la **règle inflexible** de sa vie et de tous ses actes.

Le Dévouement. — L'Abnégation.

104. — Le *dévouement* est ce sentiment élevé qui pousse l'homme à **secourir** ses semblables; c'est la vertu *opposée* à l'égoïsme.

105. — L'*abnégation* est le *dévouement* poussé jusqu'au complet *oubli* de *soi-même*.

---

102. Que doit-on préférer : la bravoure héroïque ou le courage froid et persévérant?

103. Par quel sentiment arrive-t-on à augmenter son courage?

104, 106. Qu'entend-on par dévouement?

105. Qu'est-ce que l'abnégation?

106. — Ce sentiment est le propre des natures d'*élite* toujours prêtes à se *sacrifier* pour les malheureux. Efforçons-nous de développer en nous l'esprit de dévouement, car nous nous *devons* à ceux qui souffrent.

107. — Dans la société moderne, le *premier* et le plus *impérieux* des devoirs de l'homme est de porter *aide* et *protection* à ses concitoyens.

108. — La misère et la souffrance sont *mauvaises* conseillères ; c'est donc améliorer la nature humaine et *relever* le niveau *moral* que de soulager les malheureux. Ce sentiment de compassion pour ses concitoyens est une des *manifestations* de l'amour de la patrie.

109. — Mais quand l'heure du *danger* a sonné, quand le pays est menacé, toutes les autres considérations doivent *disparaître* devant l'intérêt de la chose publique ; riches et pauvres doivent être *également prêts* au dévouement et à l'abnégation pour la défense de la patrie. Ces sentiments élevés se traduisent alors par les actes les plus touchants comme les plus héroïques. Quoi de plus sublime, par exemple, que le sacrifice du 14ᵉ régiment de ligne à Eylau (8 février 1808) !

---

107. Dans la société moderne, quel est le devoir de l'homme, des pouvoirs publics et des classes dirigeantes ?

108. Quel résultat obtient-on, au point de vue de l'humanité, en soulageant les malheureux ?

109. Quand la patrie est en danger, quel doit être l'unanimité des sentiments des riches et des pauvres ?

110. — Napoléon a donné l'ordre à ce régiment de se replier. Le capitaine Marbot (1), chargé de porter cet ordre, passe à travers des nuées de cosaques et parvient au sommet du monticule où les restes du 14° sont formés en carré. Le chef de bataillon qui commande lui explique en quelques mots la situation : enveloppée par les forces ennemies, cette poignée d'hommes n'a aucune chance de rejoindre l'armée ; autant mourir sur place. « Je ne vois aucun moyen de sauver le régiment, dit le chef de,bataillon ; retournez vers l'Empereur, faites-lui les adieux du 14° de ligne, qui a fidèlement exécuté ses ordres, et portez-lui l'aigle qu'il nous avait donnée et que nous ne pouvons plus défendre ; il serait trop pénible, en mourant, de la voir tomber aux mains des ennemis. »

111. — Le commandant remet à l'officier son aigle, que les soldats, glorieux débris de cet intrépide régiment, saluent, pour la dernière fois, des cris de « Vive l'Empereur ! » (2).

Et tandis que le capitaine Marbot, bientôt criblé de blessures, emporte l'aigle, les soldats du 14° tombent jusqu'au dernier sans se rendre.

(1) Cet épisode est extrait des Mémoires du général Marbot.

(2) A l'époque dont il s'agit, ce cri équivalait à celui de « Vive la France ! »

110, 111. Racontez le sacrifice du 14° de ligne à Eylau (1808).

CHAPITRE III

MOYENS MATÉRIELS DE DISCIPLINE

L'Uniforme.

112. — *L'uniforme* militaire **signale** celui qui a l'honneur d'en être revêtu à *l'attention* publique et contribue à l'obliger à le *porter* avec **dignité**.

113. — L'uniforme **établit** immédiatement, entre militaires qui se rencontrent pour la première fois, des rapports *affectueux*, basés sur *l'honorabilité*, la *communauté* de mœurs et de pensées de tous les membres de l'armée.

114. — L'uniforme est *respecté*, parce que tous ceux qui le portent observent scrupuleusement les lois de *l'honneur*.

115. — Le soldat doit être *fier* d'un uniforme

---

112. Quel est l'effet produit par l'uniforme sur le public et sur le soldat qui en est revêtu?

113. Pourquoi l'uniforme établit-il la cordialité entre militaires qui se rencontrent?

114. Pourquoi respecte-t-on l'uniforme?

115. Comment le soldat doit-il se montrer digne de son uniforme?

qui lui donne *droit* au respect de ses concitoyens. Il doit se montrer *digne* de la considération générale par la *propreté* et la *correction*
de sa tenue.

116. — Une tenue *soignée*, une attitude *correcte* indiquent toujours un soldat **respectueux**
de ses devoirs, **dévoué** et **fier** de son uniforme.

La *négligence* ou la *malpropreté*, outre qu'elle
est une *honte* pour le corps, est généralement le
signe de l'**indiscipline** et de la **lâcheté**.

117. De tout temps, les peuples qui ont eu
des institutions militaires sérieuses ont reconnu
la *nécessité* de l'uniforme. Chez les Romains, les
unités se distinguaient par la forme du casque,
du bouclier et de la cuirasse, ainsi que par l'ar-
mement.

118. — Mais les marques distinctives des
gens de guerre *disparaissent* avec les *institutions militaires*. Pendant presque toute la période du moyen âge, les chevaliers se couvrent
d'*armures* de modèles très divers, tandis que les
gens de pied forment en général des *bandes* plus
ou moins *déguenillées*.

119. — Le premier *essai* d'uniformité dans
le costume militaire date du retour au principe
de l'armée permanente, sous *Charles VII*. Quand

---

116. Quelle signification doit-on attribuer à une
tenue soignée et correcte? à une tenue négligée
et malpropre?

117, 118. Dites quelques mots de l'historique
de l'uniforme : sous les Romains, au moyen-âge.

119. De quelle époque date le premier essai
d'uniformité dans le costume militaire?

ce roi créa les quinze compagnies de gens d'armes à cheval, régulièrement soldés, il décida que ces compagnies porteraient un hoqueton à *la livrée* de leur capitaine.

120. — Cependant, sous Henri II, les troupes n'avaient encore pour toute marque distinctive que *l'écharpe* portée en sautoir. L'uniforme, tel que nous le comprenons aujourd'hui, ne devint réellement **obligatoire** dans l'armée qu'en 1666 ; ce fut l'œuvre de *Louvois*, ministre de la guerre sous Louis XIV.

121. — La plus grande partie de l'infanterie reçut l'habit *blanc* ; le *bleu* fut, en général, la couleur de la cavalerie ; le *vert*, celle des dragons. Sous la Révolution, les bataillons de *volontaires* furent habillés de *bleu* foncé et cette couleur devint *définitivement* celle de toute l'*infanterie* (1793), sauf cependant de 1815 à 1820, période qui marque un retour momentané à l'habit *blanc*.

122. — Le pantalon *garance* ne date que de 1820, époque à laquelle il succéda au pantalon bleu.

---

120. De quand date l'uniforme tel que nous le comprenons aujourd'hui ?

121. Parlez de la couleur de l'uniforme dans l'infanterie, la cavalerie, les dragons. — De quelle date est l'habit bleu ?

122. De quelle date est le pantalon rouge ?

Les moyens de répression.

123. — La *nécessité* de l'ordre et de la discipline dans l'armée est telle, qu'il est

indispensable de réprimer la moindre faute.

124. — On a dû mettre à la disposition des chefs militaires une échelle *graduée* de moyens de répression, pour **assurer** l'observation *rigoureuse* de la règle.

125. — Il en *coûte* toujours d'**user** des sévérités du règlement ; mais ce serait **manquer** à son devoir, par négligence ou par faiblesse, que de *laisser* une faute *impunie*, quand les conseils ou les observations ne suffisent plus.

126. — Si les hommes étaient *parfaits*, les moyens de répression seraient *inutiles*

127. — Les hommes ont dû remarquer que les conseils, les observations bienveillantes ne leur

---

123. Pourquoi faut-il réprimer la moindre faute dans l'armée ?

124. A quoi servent les moyens de répression ?

125. Un chef pourrait-il laisser une faute impunie ?

126. Aurait-on besoin de moyens de répression si les hommes étaient parfaits ?

127. Que fait-on dans le cas de fautes légères avant d'arriver aux moyens de répression ?

ont pas *fait défaut* tant que ces moyens ont suffi pour les maintenir dans le chemin du devoir.

128. — Les bons soldats ont encore aujourd'hui leur *page blanche*. Quant aux autres, ils savent que les punitions ne sont infligées que dans les cas de *négligence* ou de *mauvaise volonté* bien caractérisées.

129. — Quand les hommes auront *compris* la *nécessité* du devoir qu'ils remplissent sous les drapeaux et des exigences de la discipline, ils auront à cœur de servir *correctement*, et les punitions *deviendront* extrêmement *rares*.

130. — La **meilleure** troupe est celle dont la discipline est basée sur les sentiments de *patriotisme* et de devoir et non sur la *crainte* des punitions.

131. — Il faut qu'il en soit ainsi en *campagne*, où la mobilité des troupes et leur genre d'existence rendent à peu près *impraticable* l'usage des moyens de répression du temps de paix.

132. — Les fautes graves prennent, en temps de guerre, une *gravité* particulière, en raison de la *proximité* de l'ennemi et du *mal* que peut

---

128. Dans quel cas les punitions sont-elles infligées?

129. Quel est pour les hommes le moyen de rendre les punitions extrêmement rares?

130. Quel est le caractère d'une bonne troupe?

131. Sur quoi la discipline doit-elle être basée en campagne?

132, 133. Pourquoi est-on à la fois, en campagne, plus indulgent pour les fautes légères et plus sévère pour les autres?

produire le *désordre*. Il faut une répression rigoureuse et rapide pour *arrêter* net la contagion
du mauvais exemple. C'est pourquoi on se mou-
tre à la fois plus *indulgent* pour les manque-
ments légers et d'autant plus *sévère* pour les
fautes graves.

133. — Certains faits qui ne seraient passibles,
en garnison, que d'une peine *disciplinaire* sont
réputés *délits* ou *crimes*, en campagne et répri-
més par les tribunaux militaires. La peine *capi-
tale* est plus fréquemment infligée et la juridiction *expéditive* des *cours martiales* se subs-
titue à la *lenteur* de l'action des *conseils de
guerre*. Ces tribunaux jugent les coupables
séance tenante, sans appel, et font *exécuter* immédiatement la sentence devant la troupe.

134. — Une sévérité *excessive* au début d'une
campagne produit l'effet *salutaire* de **débarras-
ser** la troupe de ses éléments *gangrenés*, de
ramener au devoir les défaillants, sans impres-
sionner d'ailleurs les bons sujets qu'elle ne con-
cerne pas.

---

133. Quel est le caractère de la juridiction des
cours martiales ?
134. Quel résultat obtient-on en employant une
sévérité excessive au début d'une campagne ?

CHAPITRE IV

DEVOIRS IMMÉDIATS DU SOLDAT

Devoirs du soldat vis-à-vis des recrues et de ses camarades.

135. — Les *brimades* sont des lâchetés.

136. — L'*ancien* soldat doit être un protecteur et un guide pour l'homme de *recrue*.

137. — Il profite de son expérience pour lui *apprendre* ses devoirs; il l'aide, au besoin, pour lui *faciliter* les débuts de sa vie nouvelle.

138. — Les *rapports* entre soldats doivent être convenables.

139. — L'*attitude* et la *tenue*, dans les chambres comme à l'extérieur, doivent toujours être décentes.

---

135. Comment peut-on qualifier les brimades ?
136. Que doit être l'ancien soldat pour le nouveau ?
137, 143. Dites ce que doit faire l'ancien soldat pour le nouveau.
138. Quel doit être le caractère des rapports entre soldats ?
139. Quelle doit être l'attitude dans les chambrées et à l'extérieur ?

140. — Les expressions *ordurières*, les plaisanteries *grossières* et *blantssees*, les chants *obscènes* sont sévèrement interdits.

141. — La *liberté*, comme le *devoir*, doit être **égale** pour le jeune et pour l'ancien soldat. Chacun doit *recevoir* tout ce à quoi il a *droit* comme argent et comme vivres.

142. — Les brimades, ces vexations accompagnées de mauvais traitements, qui ne sont plus heureusement qu'un *souvenir* dans l'armée française, faisaient dans l'esprit des recrues un *épouvantail* de l'arrivée au régiment.

143. — Le devoir de tous les anciens soldats, et en particulier de ceux qui sont désignés comme protecteurs, est de mettre les recrues en *confiance* et de leur *faciliter* les débuts de la vie militaire, afin de faire naître promptement les liens de *camaraderie* entre jeunes et anciens soldats.

144. — Les relations entre égaux doivent être *correctes* et *convenables* à tous égards. Les chants obscènes sont sévèrement *interdits*, même pendant les *marches*, où ils constituent

---

140. Doit-on tolérer des expressions ordurières ou des chants obscènes ?

141. La liberté ne doit-elle pas être la même pour tous ?

142. Quel était l'effet de l'appréhension des brimades sur l'esprit du jeune soldat ?

144. Pourquoi ne doit-on pas tolérer les chants obscènes même pendant les marches ?

une *atteinte* à la discipline, car le supérieur s'y trouve *sournoisement* provoqué sur un terrain où des traditions fâcheuses laissent *supposer* que l'autorité est *désarmée*.

145. — A tous les échelons de la hiérarchie, on doit veiller à ce que la plus grande liberté *règne* dans les chambrées, où les jeunes soldats doivent se sentir *comme chez eux*; c'est le meilleur moyen de leur faire *oublier* les commodités de la vie de famille et *accepter*, sans trop de peine, leur nouvelle existence.

Devoirs du soldat en garnison.

146. — Observer les règles de la *discipline*.

147. — Ne jamais s'*enivrer* : l'ivresse peut *conduire* aux actes les plus graves.

148. — S'aider et s'encourager mutuellement.

149. — Détourner les camarades d'une *mauvaise* action.

---

145. Quel but doit-on avoir en laissant au jeune soldat une entière liberté dans les chambrées ?

146. Résumez en une seule phrase les devoirs du soldat en garnison.

147, 156. Pourquoi ne doit-on pas s'enivrer ?

148. Les soldats se doivent-ils aide mutuelle ?

149, 157. Doit-on laisser un camarade commettre une mauvaise action ?

150. — Avoir toujours une tenue *correcte* dans les rues, les promenades, les gares et les trains, soit en garnison, soit en permission.

151. — Ne pas *crier*, ni *siffler*, ni *chanter*.

152. — *Prêter main-forte* aux agents de l'autorité quand ils le *réclament*.

153. — Se désintéresser de toute lutte *politique* ou de *parti*.

154. — L'une des principales *manifestations* de la discipline consiste dans le *salut* et dans les marques *extérieures* de *respect* et de *déférence*, qui sont dus aux supérieurs dans les lieux publics et privés.

155. — Le bon soldat a toujours une attitude *digne* et *militaire*; ses rapports avec les *civils* sont toujours *convenables* : il *évite* avec soin les *discussions* orageuses et se **garde** de donner des *renseignements* sur l'armée à des individus qui lui sont inconnus. Il pourrait ainsi **favoriser** *l'espionnage* de l'étranger.

156. — *L'ivresse* peut conduire au *délit* et au *crime*, et n'est jamais une *excuse* en justice.

150, 151. Quelle doit être la tenue à l'extérieur ?

152. Que devez-vous faire si un agent de la force publique réclame votre aide ?

153, 161. Peut-on s'occuper de politique ?

154. En quoi consiste l'observation des règles de la discipline ?

155. Quels doivent être les rapports entre soldats et civils ?

Les hommes éviteront de se *laisser entraîner* à boire plus que de coutume; ils se *garderont* surtout de certains alcools de mauvaise qualité, qui produisent en peu de temps la *folie furieuse* et dont deux petits verres peuvent **mener au conseil de guerre.**

157. — C'est aux hommes d'un caractère plus *ferme* à *arrêter*, au bon moment, les camarades qui auraient la faiblesse de *s'abandonner*.

158. — Ce devoir est *aussi impérieux* que celui de leur porter *secours* en toute occasion, qu'ils soient lâchement attaqués par des malfaiteurs ou en danger d'accident.

159. — D'ailleurs, le soldat *doit* aide et protection à la personne quelconque qu'il trouve en *péril*, qu'elle appartienne ou non à l'armée. Ceci n'est écrit que dans le *cœur* humain, mais le manquement à cette règle s'appelle une *lâcheté*.

160. — Les règlements militaires **prescrivent**, au contraire, d'une façon précise, aux militaires de prêter *main-forte* aux gendarmes, commissaires, agents de police, gardes champêtres et autres agents de *l'autorité*, quand ce service est *réclamé*.

161. — La *politique* est **interdite** aux membres de l'armée par cela même qu'ils n'ont que des *devoirs* à *remplir* et aucun droit à faire

---

158. Que doit faire un militaire si l'un de ses camarades est attaqué ou en danger?

159, 160. Qu'est-ce qui dicte son devoir au militaire dans le cas où l'un de ses camarades est attaqué? Qu'est-ce qui lui impose le devoir de prêter main-forte à l'autorité?

valoir. L'armée doit se consacrer *tout entière* à sa noble mission: ne songeons qu'à *développer* nos sentiments de *patriotisme* et d'*abnégation*, qu'à perfectionner notre instruction militaire.

La tâche est assez vaste.

Fautes graves entraînant des punitions de prison et de cellule.

162. — 1° Ivresse à partir de la première *récidive;*

2° **Absences** *illégales;*

3° **Rentrées tardives** *réitérées:*

4° **Fautes** *graves* commises dans le *service des places* ou dans tout **service commandé;**

5° **Réponses inconvenantes** et **grossières** à un supérieur;

6° **Se faire répéter** plusieurs fois l'*ordre* d'exécuter un ordre quelconque de service;

7° **Découcher** sans permission;

8° **Abandonner** les camarades quand ils sont *attaqués;*

9° **Refus** de prêter *main-forte* à un représentant de la *force publique,* gendarme, commissaire, agent de police, etc., dans

---

162. Donnez l'énumération des fautes entraînant des punitions de prison et de cellule.

l'exercice de ses fonctions, dans toutes les circonstances, soit de jour soit de nuit;

10° **Brimades,** soit par *voies de fait,* soit par paroles *injurieuses* et *grossières* à l'égard de ses camarades et particulièrement des jeunes soldats.

163. — Cette énumération suffit et n'a pas besoin de commentaires ; c'est le complément utile de la théorie sur les devoirs du soldat en garnison. Il en est de même du paragraphe suivant.

Conséquences des punitions de prison.

(Art. 39 de la loi sur le recrutement.)

164. — Les militaires qui, *pendant* la *durée* de leur service, auront subi des punitions de *prison* ou de *cellule* d'une durée supérieure à huit jours, seront **maintenus** au corps **après** le *départ* des hommes de leur classe ou l'expiration de leur engagement, pendant un nombre de jours **égal** au nombre de journées de prison ou de cellule qu'ils auront subies, déduction faite des punitions n'excédant pas huit jours.

---

164 et 165. Quelles sont les conséquences des punitions de prison : 1° dans le cas d'un nombre de jours inférieur à 60 ? 2° dans le cas d'un nombre de jours supérieur à 60 ?

165. — Cette disposition ne sera pas applicable aux militaires qui, au moment du départ des hommes de leur classe ou de l'expiration de leur engagement, seront en *possession* du grade de *sous-officier* ou de *caporal*, ou qui seront *soldats de 1re classe*, si les punitions ont été encourues par eux antérieurement à leur nomination.

Devoirs
du soldat en campagne.

166. — Ne jamais s'éloigner de son *poste*.

167. — **Soigner** ses *armes*, ses *munitions*, sa *chaussure*, ne pas **gaspiller** ses *vivres*, **supporter** les *fatigues* et les *privations* sans murmure.

168. — Se reposer et manger *quand on peut*.

169. — **Etre toujours prêt**, même de nuit, à *prendre* les armes

---

166. Le soldat peut-il s'éloigner de son poste en campagne?

167. Quels sont ses devoirs relativement à ses armes, aux fatigues et aux privations?

168. Quand se repose-t-on et mange-t-on en campagne?

169. Quand est-on prêt à prendre les armes?

170. — **Remonter** le *moral* des camarades qui se *laisseraient* aller.

171. — **Eviter** le *pillage* et la *maraude*.

172. — **Le soldat qui** *s'éloigne* sans permission de son poste, peut être *absent* au moment
d'une prise d'armes ou d'une attaque ; l'abandon
du poste devant l'ennemi est **puni de mort.**

173. — Le soldat n'a de valeur en campagne
que par ses armes, ses munitions et sa chaussure ; c'est donc ce qu'il doit soigner *plus encore*
que ses vivres.

174. — Il lui faut *puiser* dans son *patriotisme* l'énergie calme nécessaire pour *supporter*,
sans faiblesse, les *fatigues* et les *privations* ;
le soldat doit être *certain*, d'ailleurs, que la
sollicitude bien connue des chefs est *momen-
tanément* impuissante, mais qu'elle *portera* re-
mède à cette situation aussitôt que possible.

175. — Les repos et les repas ne peuvent
être *réglés* en campagne ; il est bon de ne pas
gaspiller les moments de répit qu'on peut trouver et de les *bien utiliser* pour **refaire** ses

---

170 Que doit-on faire dans le cas de décourage-
ment chez les camarades ?

171. Doit-on piller ou faire la maraude ?

172. Que risque un soldat en s'éloignant de son
poste ?

173 et 174. Pourquoi le soldat doit-il soigner ses
armes et ses munitions ? Dans quels sentiments
le soldat doit-il puiser l'énergie nécessaire pour
supporter les fatigues et les privations ?

175. Comment doit-on employer les moments de
répit qu'on peut avoir en campagne ?

forces, sans cesser d'*être prêt* à prendre les armes au premier signal. Le soldat doit *constamment* être prêt à *répondre* au premier signal de ses chefs et à **faire acte** d'*abnégation* et de *dévouement*.

176. — La nature n'a *pas également* réparti la *fermeté* d'âme ; c'est aux cœurs les mieux trempés à *remonter* le moral de leurs camarades moins bien doués et à les *entraîner* dans la voie du *devoir*.

177. — Il *faut* laisser aux *bandits* le goût du vol et du pillage. L'armée d'une nation civilisée ne doit *prélever*, sur un pays quelconque, des vivres ou de l'argent que par *réquisitions régulières*.

178. — La *maraude* est le signe d'une décomposition profonde, le commencement du *désordre*, le précurseur de la *déroute*. La maraude est un *crime* en campagne.

Devoirs du soldat
sur le champ de bataille.

179. — N'avoir qu'une idée : triompher de la *résistance* de l'ennemi et être fermement résolu à exécuter à fond l'ordre

---

176. Quel est le devoir des soldats énergiques vis-à-vis de camarades moins bien doués par la nature ?

177. Qu'est-ce que fait pressentir la maraude ?

179. Quelle est l'idée unique qu'on doit avoir sur le champ de bataille et comment faut-il exécuter les ordres ?

donné *sans compter* le nombre des adversaires.

180. — **Mépriser** le *danger* et l'*affronter* avec fierté.

181. — Dans l'attaque, marcher *résolument* **en avant** : *hésiter* ou *reculer* sont **plus dangereux** que la charge à fond.

182. — Dans la défense, *rester* à la place assignée, *ménager* ses munitions pour le moment où l'ennemi est à *courte* distance.

183. — Ne pas *perdre de vue* ses chefs.

184. — Ne jamais s'occuper des *blessés :* le *meilleur* moyen de leur assurer les soins est de remporter la *victoire*.

185. — **Rallier** la compagnie, aussitôt le combat terminé; si l'on a été *séparé* malgré soi, se *joindre*, en attendant, à la fraction la plus proche et combattre avec elle.

---

180. Doit-on craindre le danger ?
181. Est-il plus dangereux de reculer que de marcher en avant du combat ?
182. Comment doit-on employer les munitions dans la défense ?
183. Doit-on s'éloigner de ses chefs au combat ?
184. Faut-il s'occuper des blessés ?
185, 193. Que doit faire le soldat qui se trouve séparé de son unité ?

186. — Quand une troupe reçoit un ordre, que la mission paraisse *exécutable ou non*, il faut qu'elle soit résolue à l'exécuter **avec la dernière énergie** *sans compter* ni les dangers, ni les ennemis qu'elle a devant elle.

187. — Le *sacrifice* d'une troupe peut être **nécessaire** pour permettre aux autres parties de l'armée de *remporter la victoire* et peut-être de *sauver* le pays. Il n'est pas de plus grand honneur que celui **d'être choisi** pour cette périlleuse et noble mission, car s'est la preuve qu'on a une *haute idée* du patriotisme et de l'abnégation de la troupe désignée.

188. — Une troupe *fermement* décidée à pousser l'attaque *à fond* avec la dernière énergie n'est pas toujours *sûre* de réussir; mais, si elle a la *moindre* hésitation sur le but à atteindre, elle peut être d'avance certaine de son *insuccès.*

189. — Il faut, pour cette détermination hardie, que la *masse* de la troupe, *puissamment* inspirée par l'*amour* de la Patrie, fasse d'avance le *sacrifice* de la vie et *entraîne*, d'enthousiasme, les quelques hésitants ou ceux que la peur paralyse malgré eux.

190. — La troupe qui a fait le sacrifice de sa

186, 187. Pourquoi faut-il toujours exécuter à fond l'ordre donné?

188. Quel est le résultat certain d'une attaque entreprise avec hésitation ?

189. Quel sacrifice doit-on faire pour marcher à l'attaque résolument et sans arrière-pensée ?

190. — De quoi est capable une troupe qui a fait le sacrifice de sa vie?

vie peut souvent par son attitude, son entrain et son audace, **mettre en déroute** une fraction *bien supérieure* en nombre et rendre ainsi de signalés services sans essuyer de grandes pertes. « Que de choses paraissent impossibles, a dit Napoléon, qui cependant ont été faites par des hommes qui n'avaient pas d'autre ressource que la mort. »

191. — Dans l'*attaque*, les moments *critiques* sont les *arrêts*, où l'*hésitation* commence à poindre et laisse prendre à l'adversaire la *supériorité* du feu, où les combattants sont *collés* contre terre et n'ont plus l'*énergie* de courir à l'ennemi.

192. — Il faut que les officiers et les gradés, voire même les soldats *les plus vaillants*, **se montrent braves** jusqu'à la *témérité* pour tâcher de **sortir** la ligne de sa *torpeur*, sinon tout est perdu : on *reculera* au prix de pertes énormes et bien plus sérieuses que dans la marche en avant, car le moral de l'ennemi se sera accru d'autant, et il profitera de cette *fuite* pour jeter du monde en ligne et *accabler* son adversaire de *feux à répétition*.

193. — Il est de règle, dans la *défensive*, de garder la presque *totalité* de ses moyens d'ac-

---

191. Quels sont les moments critiques dans l'attaque ?

192. Quel est, dans les moments critiques, le devoir des officiers, des gradés et des soldats les plus vaillants ?

193. Pourquoi doit-on, dans la défensive, conserver la plupart de ses moyens d'action pour la lutte rapprochée ?

tion pour la lutte *rapprochée*. L'ennemi s'est *usé* dans l'attaque éloignée ; il est arrivé, au prix de sérieux efforts, au moment de donner l'*assaut*. C'est l'instant pour le soldat d'être calme, de porter l'œil sur son *chef*, de **bien viser** si la fraction dont il fait partie reçoit l'ordre d'arrêter l'ennemi par ses *feux*, ou de se **jeter vaillamment** sur lui si elle prend part à une *contre-attaque*.

194. — Il n'y a pas à s'*occuper* du transport des blessés : c'est l'affaire des *brancardiers*. On a remarqué d'ailleurs que *les plus disposés* à rendre service aux blessés, en les transportant en arrière, n'étaient pas précisément *les plus braves*, mais ceux qui avaient la plus grande hâte de laisser là le champ de bataille et ses dangers. Aussi ne les voyait-on pas revenir !

195. — Le meilleur moyen d'*assurer* des soins aux blessés est de *remporter* la victoire, parce qu'alors ce sont les ambulances *amies* qui parcourront le champ de bataille et relèveront les blessés.

196. — La formation en ordre dispersé peut causer des *erreurs* de direction : quelques hommes peuvent s'*égarer*. Un soldat ne doit jamais combattre *isolément*; s'il se trouve, à proxi-

---

194. Quels sont ceux qui sont chargés de s'occuper des blessés ? Les soldats qui, sans en être chargés, s'occupent des blessés, sont-ils généralement les plus braves ?

195. Quel est le meilleur moyen d'assurer des soins aux blessés ?

196. Un soldat doit-il rester isolé pour combattre ?

mité, un chef militaire quelconque, son devoir est de se *joindre* à sa troupe jusqu'à ce qu'il ait le moyen de *rejoindre* son unité.

CHAPITRE V

DE LA GUERRE

L'esprit guerrier.

197. — Avoir l'esprit *guerrier*, c'est aimer la *guerre* et ses dangers, ainsi que la *gloire* qu'elle procure.

198. — L'esprit guerrier exalte le courage et *peut conduire* à la victoire, mais il porte à négliger les moyens de *parer* à des revers.

199. — Les nations qui ont l'esprit guerrier sont *sujettes* à des *entraînements* irréfléchis et dangereux. Elles peuvent se laisser aller à *entreprendre* la guerre *sans* l'avoir préparée.

---

197. Qu'entend-on par esprit guerrier ?
198. Quels sont les inconvénients de l'esprit guerrier ?
199. A quels entraînements peut donner lieu l'esprit guerrier ?

200. — L'esprit guerrier a pour *synonyme* la **bravoure téméraire**, qui fait accepter le danger sous quelque forme qu'il se présente, mais sans qu'on ait songé à l'avance aux *moyens* d'y faire face.

201. — L'esprit guerrier a fait la **gloire** des *Gaulois*, des *Francs* et des *Français*. Mais, *poussé* à l'excès, il a *perdu* les Gaulois et leurs bandes dans les campagnes contre les légions de César ; il a *failli* nous *perdre* nous-mêmes en nous jetant, *sans y être préparés*, dans la guerre contre la Prusse en 1870.

202. — L'esprit guerrier nous a *donné* autrefois une force *irrésistible*. Malheureusement, les *succès* des guerriers de la Révolution, l'*extraordinaire* génie de Napoléon Ier et ses brillantes victoires, en portant à son apogée la gloire de nos armes, nous ont **grisés**.

203. — Nous avons pris l'habitude de nous croire *invincibles*, de *mépriser* notre adversaire, quel qu'il soit, *sans* même connaître ses ressources. Nous en sommes arrivés à ne plus *sentir le besoin* du travail, à *oublier* même les méthodes de guerre de Napoléon, et les *illusions* de la victoire facile et certaine, dont se berçait notre imagination guerrière, nous ont conduits à deux doigts de notre *perte*.

---

200. Quel est le synonyme d'esprit guerrier ?
201. Citez des nations qui ont possédé l'esprit guerrier et l'ont poussé à l'excès.
202. 203. Pourquoi l'esprit guerrier nous a-t-il permis de battre souvent nos adversaires ? Et quelles mauvaises habitudes nous a-t-il données ?

204. — Conservons donc l'esprit guerrier que nous ont *légué* nos pères et qui a toujours si brillament *distingué* le tempérament français; mais gardons-nous de ses *dangereux entraine-ments* et rappelons-nous que l'esprit guerrier doit nécessairement être désormais **complété** par *l'esprit militaire.*

L'esprit militaire.

205. — *L'esprit militaire* porte les na-tions à *utiliser* la paix pour se **préparer sans relâche à la guerre.**

206. — Il fait **envisager** à la fois la *victoire* et l'*insuccès*, les moyens de *profi-ter* de l'une et de *parer* à l'autre.

Les nations qui ont l'esprit militaire, n'*engagent jamais* la guerre à la légère et sans s'être *assurées*, par la **préparation**, de toutes les *chances* de succès.

207. — L'esprit militaire a pour *synonyme* la prévoyance unie à la *prudence*, sans être *exclusif* de l'idée de valeur individuelle devant l'ennemi. Mais, loin de porter au mépris de l'ad-

---

204. Faut-il entretenir et encourager l'esprit guerrier ?
205. Qu'entend-on par esprit militaire ?
206. Faites ressortir le caractère de prévoyance de l'esprit militaire.
207. Quel est le synonyme d'esprit militaire ?

versaire possible, il engage à *étudier* attentivement ses *progrès*, pour s'efforcer d'être toujours au moins **aussi fort** que lui-même.

208. — Si l'esprit militaire ne conduit *pas toujours* à la *victoire*, seul il assure aux nations la force de *résistance* et le *ressort* nécessaires pour *parer* aux revers et pour *préparer* la revanche.

209. — La *persévérance* et la *ténacité*, qui sont les qualités dominantes des Prussiens, les *prédisposaient* à l'esprit militaire. Sous l'impression de leurs revers des guerres du premier empire, ils ont patiemment étudié la *préparation* de la guerre et les *méthodes de Napoléon* que nous oubliions nous-mêmes ; et, *sans* avoir tiré un coup de fusil pendant cinquante ans, ils ont su prendre *d'un bond*, en 1866, leur rang parmi les *premières* nations militaires de l'Europe.

210. — En France, le tonnerre de l'année terrible a *brutalement ouvert* nos yeux à la réalité, en portant un coup fatal à nos illusions.

Nous avons appris à nos dépens qu'avec le système militaire de notre époque, l'esprit guerrier *ne suffisait plus*, parce que *rien* ne s'improvise, les armées encore moins que le reste

---

208. L'esprit militaire conduit-il sûrement à la victoire ?

209. Citez une nation qui s'est distinguée depuis le commencement du siècle par son esprit militaire.

210. Quel a été l'effet produit sur nous-mêmes par notre défaite de 1870-71 ?

211. — Le travail et l'étude ont *chassé* l'antique insouciance et nous ont, en quelques années, permis d'envisager *sans inquiétude* l'éventualité d'une *lutte* nouvelle avec nos vainqueurs d'hier.

212. — Conservons les **vertus** *héréditaires* de notre esprit *guerrier* : l'*audace*, le *courage*, le *mépris* de la souffrance et du danger, le sentiment de l'*honneur*, l'amour de la *gloire*; — mais comprenons aussi la nécessité de nous plier aux **exigences** de l'esprit **militaire**; sachons *obéir*, *travailler*, nous sacrifier à l'*observation de la règle*, être *solidaires* les uns des autres.

C'est à ce prix seulement que nous serons les *dignes* soldats de la République.

La guerre.

213. — La *guerre*, ou lutte armée entre deux ou plusieurs Etats, est toujours un *fléau*.

214. — La guerre qui a pour cause l'*ambition* d'un souverain, est une **honte** pour la civilisation; mais elle devient un

---

211. Qu'est-ce qui a remplacé, dans notre esprit, l'antique insouciance, et quel est le résultat de cette transformation?

213. Qu'est-ce que la guerre?

214. Dans quel cas la guerre est-elle une honte pour la civilisation? dans quel cas est-elle un devoir?

devoir, quand *l'intégrité* du sol, l'indépendance et *l'existence* même de la patrie sont *menacées*.

215. — La force *primant* le droit, c'est à la *force* que les puissances ont *recours* pour *régler* leurs différends ou pour *imposer* leurs volontés, quand elles n'ont pu obtenir satisfaction par entente ou persuasion. La loi du plus fort *existera* malheureusement **autant que le monde lui-même.**

216. — Des *utopistes* ont pu concevoir l'idée d'un *tribunal international,* où toutes les nations civilisées seraient représentées et qui *jugerait,* en dernier ressort, les différends entre puissances. Mais, comment *obliger* à l'exécution de la sentence le parti qui refuserait de s'y soumettre ? Il faudrait que tous les autres États *s'entendissent,* dans cette nouvelle tour de Babel, pour former une vaste coalition *contre lui,* et alors ce serait la guerre, encore la guerre qu'on avait la prétention *d'éviter.*

217. — Il ne faut donc considérer la guerre que comme une *extrémité* à laquelle on peut être réduit pour se *défendre;* mais *il faut* s'y *préparer* avec le plus grand soin, et être ferme-

---

215. Pourquoi les puissances ont-elles recours à la force pour régler leurs différends ?
216. Serait-il possible d'établir un tribunal international auquel seraient soumises toutes les questions en litige entre puissances ?
217. Comment doit-on considérer la guerre et s'y préparer ?

ment décidé à la faire, le cas échéant, avec la *dernière énergie.*

218. — Nous n'en sommes plus aux guerres *partielles* d'autrefois, n'exigeant qu'un effectif relativement *restreint* et affectant à peine la marche régulière de l'activité d'un pays : campagnes de conquête ou de sentiment ne sont plus de saison. Dans l'état actuel de l'Europe, la guerre *ne peut plus être* qu'une **guerre de race,** lutte gigantesque dans laquelle l'existence même de la République sera *menacée.*

Ce sera *l'arrêt complet* de la vie sociale et de la civilisation, un *retour* momentané à la *barbarie,* la **misère** glorieuse pour le *vainqueur,* la *ruine* complète pour *le vaincu.*

Les chances de la guerre.

219. — On peut *obtenir* le *maximum* de puissance d'une armée par la *préparation* morale et matérielle du temps de paix ; mais **il n'y en a pas** d'*invincible.*

220. — De toutes les *fortunes* humaines, celle de la *guerre* est la plus **varia-**

---

218. Quel sera le caractère probable de la prochaine guerre ?

219. Peut-on dire d'une armée qu'elle est invincible ?

220. Quelle est la plus incertaine des fortunes humaines ? Quelle est, de deux armées, celle qui aura finalement la victoire ?

ble et la plus **incertaine**; l'histoire prouve cependant que la victoire *reste* finalement à l'armée dont le *moral* est demeuré le plus longtemps **intact**.

221. — C'est dans le *ressort moral* que réside réellement le *secret* de la puissance, parce qu'il annihile toute l'importance, toute l'influence néfaste d'un *revers* passager. Le seul effet de l'insuccès sur les bonnes troupes est de *réveiller* leur énergie pour la revanche à prendre.

222. — L'histoire moderne nous offre des exemples frappants de ce que produit la *supériorité* du moral et des institutions militaires : en 1806, une *seule* bataille (**Iéna**) suffit pour *anéantir* l'armée prussienne et pour *livrer*, sans défense, le royaume aux Français; en 1866, *quelques* jours de campagne et la défaite de **Sadowa** obligent l'Autriche à *demander* la paix; en 1870, la première partie de la guerre se résout avec une décision et une rapidité *extraordinaires*, par l'investissement de **Metz** et le désastre de **Sedan**, et cependant, tel est le *ressort naturel* de la nation française que, *privée* de ses soldats de carrière, malgré ses arsenaux *vides*, elle fait

---

221. Pourquoi le secret de la puissance réside-t-il dans le ressort moral ?

222. Citez des exemples historiques de ce que produit la supériorité du moral et des institutions militaires. Faites ressortir le ressort moral dont la France a fait preuve en résistant, après ses premiers revers en 1870, sans armée régulière, aux armées victorieuses de l'Allemagne.

en quelques jours **sortir de terre**, pour ainsi dire, un matériel et des armées improvisées, qui **tiennent en échec**, pendant quatre mois encore, les armées *aguerries* du vainqueur, **remettent** parfois le succès final **en question et sauvent** au moins l'*honneur* du pays.

223. — Instruits par les revers. n'oublions jamais que les chances de la guerre sont *variables, préparons-nous* donc sans cesse et *élevons* nos cœurs pour ne *laisser* au pur *hasard* que **la plus petite** part possible.

Devoirs du vainqueur.

224. — Lé *vainqueur* doit user de modération, respecter le vaincu et *traiter* avec **ménagement** les populations des pays envahis.

225. — *Abuser* de sa force, quand on a *réduit* son ennemi à l'impuissance, est un acte de *sauvage,* ie indigne d'une nation civilisée. Une telle conduite ne peut que semer la *haine*, appeler les *représailles* et *perpétuer* la guerre.

226. — Le droit des gens admet, pour le vain-

---

224. Quels sont les devoirs du vainqueur ?
225. Comment faut-il apprécier la conduite du vainqueur qui abuse de son succès, et que produit-elle ?
226. Quelle faculté le droit des gens donne-t-il au vainqueur ?

queur, la faculté de *vivre* aux *dépens* du vaincu, de lui faire *supporter* les *frais* de la guerre et d'obtenir par traité certains autres avantages; mais, en dehors des hostilités, les *intérêts privés* et les *individus* doivent toujours être *respectés*.

Devoirs du vaincu.

227. — Le *vaincu* doit *accepter* sa défaite avec **dignité**, *redoubler* de **fermeté**, de **constance** et d'**union** pour rétablir l'*ordre* et la *discipline* sociale.

228. — C'est dans le **recueillement** seul que le vaincu *trouvera* les moyens de se *relever* de ses revers.

229. — Les *troubles*, les *émeutes* après la défaite, *font le jeu* du vainqueur en donnant matière aux actes de *violence* qu'il ne manque pas de commettre; ils justifient *l'exagération* des sol-disant mesures *préventives* par lesquelles il s'empresse de faire peser son autorité; ils justifient *l'augmentation* de ses exigences, sans autre résultat que d'*accroître* ainsi les *malheurs* de la guerre.

---

227. Quels sont les devoirs du vaincu ?
228. Qu'a de mieux à faire le vaincu pour se relever ?
229, 230. Quel est le résultat des troubles et des émeutes succédant à la défaite ?

230. — Si l'agitation *continue*, si la nation *perd* le peu de force qui lui reste dans des dissensions ou dans des luttes fratricides, **c'en est fait** de son prestige ; ses *revers* deviennent irréparables.

231. — Il a fallu à la France une *puissance* de vitalité *extraordinaire* et une *richesse* véritablement *inépuisable* pour se relever des ruines amoncelées par la Commune, après avoir fait une dette de plus de dix milliards, tant en *frais* qu'en *contribution* de guerre.

232. — Soyons *fiers* de cette puissance nationale, mais **souvenons-nous** que la France a été à deux doigts de sa perte !

L'espionnage.

233. — *L'espionnage* a pour but d'obtenir des **renseignements** sur le système militaire d'une puissance voisine ou sur l'ennemi.

234. — Les espions se *cachent* sous des déguisements pour remplir leur mission.

---

231. Faites ressortir à l'occasion de la guerre de 1870-71 la puissance de vitalité de la France.
233. Quel est le but de l'espionnage ?
234. Les espions remplissent-ils ouvertement leur mission ?

235. — On a tort, en France, d'attacher une certaine *défaveur* au rôle d'espion, car bien des gens le remplissent par pur *dévouement* pour la patrie, et **risquent leur vie** pour elle.

236. — Nos idées *chevaleresques*, qui, soit dit en passant, nous ont *coûté* déjà *fort cher*, nous font considérer comme déloyal le fait de se *cacher* sous un déguisement pour aller surprendre les secrets d'un adversaire. Nous oublions trop *l'habileté*, la *présence* d'esprit et le dévouement absolu que ce rôle exige.

237. — Il faut *distinguer*, en tout cas, l'espion qui **se fait payer**, du *patriote* qui **met au service** du pays son *audace* et sa *connaissance* de la langue de l'adversaire. Si nous *méprisons* le premier, **prodiguons** au second le *respect* et les *récompenses* honorifiques.

235, 236, 238. Pourquoi a-t-on tort en France d'attacher une certaine défaveur au rôle d'espion ?
237. Ne doit-on pas faire une distinction entre l'espion qui se fait payer et celui qui n'agit que par patriotisme ?

Paris et Limoges. — Imp. milit. H. Charles-Lavauzelle.

Paris et Limoges. — Imp. milit. H. Charles-Lavauzelle.

BIBLIOTHEQUE NATIONALE DE FRANCE
3 7502 01485241 4